AF250656

A LA PORTE !...

OU

LE CRI DU PEUPLE

CONTRE

L'ANONYME QUI CRIE **A BAS LA CABALE;**

PAR UN AUTEUR QUI NE CRAINT PAS DE SE MONTRER
A DÉCOUVERT.

A la représentation d'une pièce nouvelle qui
fait bâiller tout le monde et que le parterre
siffle, ne sont-ce pas ceux qui crient, *A bas la
cabale*, qui sont les véritables cabaleurs et
les amis de l'auteur ?...

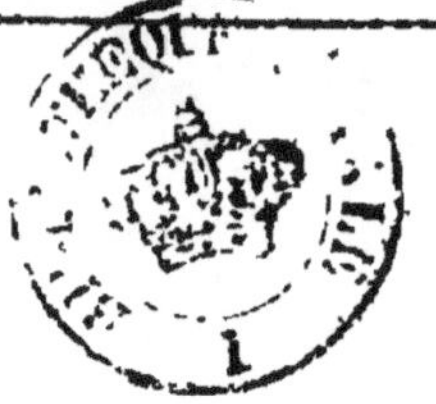

A PARIS,

Chez **DELAUNAY**, Libraire, Palais-Royal, galeries
de bois, n°. 243.

1814.

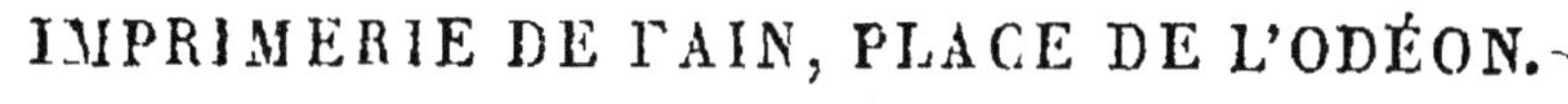
IMPRIMERIE DE PAIN, PLACE DE L'ODÉON.

A LA PORTE !...

OU

LE CRI DU PEUPLE

CONTRE

L'ANONYME qui crie A BAS LA CABALE.

LE jour où Louis XVIII fit son entrée à Paris, j'avais pris tant de part à l'allégresse publique, j'avais été si ravi du spectacle à la fois magnifique et touchant qu'offrait l'auguste famille des Bourbons, recouvrant enfin la jouissance de tous ses droits au trône de ses ancêtres, et recueillant partout, sur son passage, des témoignages d'amour si expressifs et si sincères.... spectacle auquel le ciel même semblait vouloir s'associer, en écartant tous les nuages.... j'étais si ravi, dis-je, j'étais si ému, que je ne pus m'endormir que bien avant dans la nuit ;

et lorsque le sommeil vint enfin clore mes paupiè-
res, mon esprit se reporta bientôt en songe, vers
les objets dont il était préoccupé.

Je me trouvais parcourant les boulevards, à travers cette même foule de peuple qui, la veille,
s'était portée sur les pas de sa majesté. Ici, on s'en-
tretenait du bonheur qui nous était promis sous un
règne paternel. Plus loin, on exprimait son admiration pour la magnanimité des souverains alliés.
Plus loin encore, on parlait de Buonaparte ; et, en
faisant l'énumération de ses crimes, on s'accordait
pour l'accuser de la ruine commune et pour le
maudire.

Tandis que j'écoutais, en réfléchissant sur le
sort du tyran ; j'aperçus sur un des trétaux du
boulevard du Temple, un personnage masqué,
qui semblait prêter une oreille attentive à tout ce
qu'on disait. Il était enveloppé d'un manteau semé
de fleurs de lis, et une énorme cocarde blanche
ornait son chapeau. Bientôt il prit gravement la
parole pour crier *A bas la cabale,* et nous faire le
discours le plus ridicule et en même temps le plus
révoltant qu'il soit possible d'imaginer.

Je jugeai d'abord indigne de moi de répondre à
ce baladin, quelqu'envie que j'en eusse d'ailleurs ;
mais un autre ayant entrepris cette tâche, et ne
s'en étant pas acquitté au gré de mes désirs, je

résolus d'entrer en lice pour confondre le téméraire qui avait osé défendre Buonaparte , outrager le peuple français, et blamer les sentimens de sa juste haine pour le tyran Corse. La bonté des armes dont je devais me servir, me parut devoir suppléer à mon défaut d'adresse pour les diriger selon les règles de l'art.

Quel est donc, dis-je, ce censeur caustique qui crie *A bas la cabale?* Voudrait-il bien nous montrer son visage ? nous décliner son nom ou sa qualité? *J'ai des raisons pour garder l'anonyme*, répondit-il.... Je le crois aisément, répliquai-je : quand on n'ose se mettre à découvert, il faut bien que l'on ait quelque sujet de crainte ; mais alors on devient suspect ; et, sous ce rapport, de quel droit venez-vous nous prêcher? Êtes-vous prêtre ou magistrat? Car, enfin, il faut un titre pour monter en chaire..... *Vous n'avez jamais vu Buonaparte*, dites-vous, pour prouver qu'aucun motif d'intérêt ne vous attache à lui?..... Quelle preuve!.... surtout quand votre langage vous dément à chaque instant.

Quoi qu'il en soit, M. *l'anonyme*, et qui que vous soyez, dites-nous au moins dans quel code, civil ou criminel, ecclésiastique ou militaire, vous avez trouvé une loi qui défend de se plaindre

du tyran sous les lois duquel on ne vit plus?...
Hélas! nos plaies saignent encore!... Et quand
on souffre comme nous, ou seulement quand on
se rappelle les maux qu'on a soufferts, la plainte
n'est-elle pas un sentiment aussi juste que natu-
rel?.... Trouverait-on aujourd'hui quelqu'un qui
voulût nous blâmer si nous parlions du mal que
nous a fait Robespierre? Non sans doute. Pourquoi? Ce n'est pas seulement parce qu'il n'y a rien
là, absolument rien de condamnable; mais c'est
encore parce que Robespierre n'a plus de partisans. Donc, ceux qui, comme vous, défendent
Buonaparte ou veulent étouffer les cris qui s'élè-
vent contre lui, sont ses partisans, et mentent
à leur conscience. La conséquence me paraît
juste et sans réplique.

Je sens bien que nos plaintes doivent vous im-
portuner par cela même qu'elles accusent le tyran
et ses co-opérateurs; mais ne serait-ce pas aussi
parce que vous craignez qu'en nous entretenant
de nos maux, celui qui a moins souffert ne
prenne les sentimens de celui qui a davantage à
se plaindre, et qu'enfin tous les Français, unis
autour de Louis XVIII, ne laissent plus d'espoir
aux factieux?..... Puissé-je me tromper!.... Mais
à travers le voile sous lequel vous vous cachez, je

crois avoir aperçu le fil de la trame que des per-
vers voudraient ourdir. Poursuivons.

Vous dites : *Si Buonaparte était un monstre
qui n'avait d'énergie que pour le crime, com-
ment a-t-on pu le garder pour maître pendant
quinze ans? Pourquoi ne pas s'être levé en
masse pour le détrôner ?....* Ce langage, quoique
spécieux, vous dévoile, M. *l'anonyme !...* Il nous
montre le révolutionnaire ; puisque vous posez
en principe que, lorsqu'un souverain nous op-
prime, *il faut se lever en masse pour le détrôner !....* Nous devions donc, selon vous, nous
révolter contre l'autorité? nous lever *tous* pour
renverser le gouvernement ?.... Mais c'est alors
que nous aurions été véritablement coupables,
en faisant ce que toutes les lois divines et hu-
maines défendent et punissent ; c'est alors que
nous aurions eu besoin que quelqu'un vînt nous
prêcher pour nous faire apercevoir l'abîme en-
tr'ouvert sous nos pas ; c'est alors enfin que nous
aurions mérité d'être comparés, non pas *au
peuple de 1793,* mais aux factieux de cette
époque ; car ce sont eux seuls qui sont coupables.

Ainsi, *le peuple de* 1814, que vous osez
outrager par le parallèle le plus injuste et le
plus déshonorant, se trouve pleinement justifié
par la conduite qu'il a tenue. Quelque malheureux

qu'il fût ce peuple, au lieu de se révolter contre le gouvernement, il a souffert avec une patience admirable, il a attendu, même pour laisser éclater ses plaintes, que ses magistrats lui eussent tracé la ligne de ses devoirs, qu'ils l'eussent dégagé du serment de fidélité, et que le tyran fût déchu.

Eh! c'est après cela que vous prétendez arrêter dans sa source les torrents de notre joie au sortir de l'esclavage le plus inoui; et comprimer les sentimens de notre haine pour celui par qui nous avons tant souffert, et par qui nous souffrons encore!.... Vous le comparez *à un ennemi à terre que nous battons!* La comparaison est absolument fausse. Ce que vous appelez nos coups, n'est sans doute, au figuré, que les vérités dures que nous disons sur le compte de Buonaparte. Or, je réponds : Si Buonaparte était un souverain légitime, ou seulement si, tel qu'il est, il était condamné à vivre au milieu de nous, en simple particulier, la scrupuleuse délicatesse pourrait nous faire une loi du silence sur ses crimes, quelque grands qu'ils soient ; mais Buonaparte n'était qu'un usurpateur, un aventurier ; il est séparé de nous par les mers ; tout ce qu'on dit de lui ne peut l'atteindre qu'au moral, en ternissant sa mémoire ; et c'est le juste sort réservé à tous les tyrans..... En un mot,

Buonaparte est absolument pour nous comme s'il n'existait plus. Ainsi, si l'on peut, sans blesser aucune loi ni aucune bienséance, parler librement de *Marius*, de *Sylla*, de *Néron*, et de *Robespierre*, nous pouvons aussi parler de Buonaparte, et nous en parlerons tant que les maux qu'il nous a faits le rappelleront à notre mémoire.

Nous sommes donc fondés à vous répondre : Non, *M. l'Anonyme, nous ne saurions louer des souverains chéris et dignes de tous nos hommages, sans peindre,* sous les couleurs qui lui conviennent, l'homme que nous avons tant de sujets de détester : ce sont deux contrastes qui doivent nécessairement ressortir et se fortifier l'un par l'autre ; et qui, pour être appréciés, ont besoin d'être mis au grand jour : ou, si on le préfère, on peut comparer l'un à un portrait ravissant par la nature même du sujet, et l'autre à l'ombre noire qui doit en faire ressortir davantage les beautés.

C'est la postérité qui jugera Buonaparte, dites-vous encore. Oui sans doute, elle le jugera, mais non pas avec la même indulgence que vous montrez pour lui. Elle ne donnera pas, comme vous le faites, le nom *de fautes à la*

mort *du duc d'Enghien*, *à l'affreuse cons-*
cription, *aux guerres d'Espagne et de Russie*.
Elle qualifiera tout cela de crimes, et de grands
crimes!..... Elle n'essayera jamais de les faire
entrer en balance avec *les batailles d'Arcole*,
de Marengo, *d'Austerlitz et de Wagram*:
l'équilibre ne pourrait jamais se trouver.

Eh! qui ne sait que le principal trait qui ca-
ractérise la bataille d'Arcole et qui décida du
succès, est dû à l'intrépidité et à la bravoure du général Augereau, qui se précipita sur le pont à la tête
de son armée, bravant la mitraille de l'artillerie
ennemie; trait que Buonaparte a voulu s'appro-
prier, mais que l'histoire lui ôtera pour le rendre
à celui à qui il appartient.

Qui ne sait que c'est au généreux dévouement
du général Desaix, que nous devons la victoire
de Marengo? que ce général arriva avec une
division de troupes fraîches, au moment où Buonaparte venait d'être défait; qu'il était sous sa tente,
consterné, ayant perdu la tête, et désespérant
tellement du salut de l'armée et du sien, qu'il dit
à Desaix : *Faites ce que vous voudrez*, *je vous*
donne carte blanche!.....

Enfin, si l'histoire parle avantageusement de
la bataille d'Austerlitz, elle appellera celle de
Wagram une boucherie révoltante, où Buo-

naparte eût infailliblement péri sans le courage héroïque de Murat, qui, à la tête de l'élite de sa cavalerie, fut l'enlever au milieu des ennemis qui l'avaient enveloppé ; et si, dans cette bataille, où les deux partis se sont attribués la victoire, l'histoire dit que nous sommes restés maîtres du terrain, elle ajoutera sans doute par exclamation : Quels résultats qu'un champ couvert de flots de sang, et de plus de 40,000 morts !.....

Mais quand on lira qu'en moins de dix-huit mois, Buonaparte à perdu, non-seulement le fruit de toutes ses conquêtes, mais encore le fruit de toutes celles que nous avions faites avant lui : que, de plus, il a laissé envahir notre pays de toutes parts, jusqu'à la capitale ; je le demande, que deviendra la gloire du héros ?..... Elle s'évaporera comme une fumée !.....

Cependant, objectez-vous, les étrangers *chez qui Buonaparte a porté le fer et la flamme, rendent justice à sa valeur.* Eh! qui n'en devine la raison ? Qui ne sait que c'est en exaltant la force ou la valeur d'un ennemi, qu'on rehausse la gloire de celui qui l'a vaincu ? C'est Annibal qui a rendu Scipion fameux. Montrez un Annibal vaincu par vous, et vous serez un Scipion.

D'ailleurs, sont-ce les étrangers qui doivent juger Buonaparte ? Non ; nous sommes les seuls juges compétens; nous qui l'avons vu sortir de la poussière, qui l'avons suivi de l'œil sur tous les degrés par lesquels il est monté pour parvenir au faîte des grandeurs; nous qui avons fourni les moyens immenses avec lesquels, j'ose le dire, un homme même ordinaire, mais qui aurait eu la prudence pour première vertu, aurait fait plus que lui; non pas en conquérant davantage, mais en ne gardant que ce qu'il aurait pu et dû raisonnablement conserver.

Enfin, vous dites *que la France est remplie de monumens qui parleront long-temps en faveur de Buonaparte.....* C'est du moins dans ce seul but qu'il les a fait élever; mais à quel prix! Est-ce du fruit de ses épargnes? Non, c'est en mettant continuellement de nouveaux impôts. Quel est le souverain qui n'en ferait autant avec de tels moyens?..... Disons mieux, quel est le souverain qui voudrait ruiner ses peuples pour faire élever des monumens qui devraient *parler long-temps en sa faveur?*

Eh! qu'importe à un peuple qui meurt de faim de trouver des fontaines sur son passage?... Que m'importent quelques ponts de plus et tous les autres monumens, lorsque je suis ruiné, et que tous mes amis, toutes mes connaissances, qui auraient pu venir à mon secours, sont dans le même cas que moi ? Est-ce la galerie du Louvre, à moitié faite ou ébauchée, qui peut nous consoler ?..... La vue de tous les monumens du monde peut-elle dédommager de la perte du plus petit revenu ? ni tenir lieu du plus modique salaire, à un ouvrier qui n'a plus d'ouvrage, par le fait même de la ruine commune ?.....

Qu'un souverain qui sait bien administrer ses états, fasse tourner le superflu de ses revenus à l'embellissement des villes, rien de mieux : c'est un droit de plus qu'il s'acquerra à la reconnaissance et à l'admiration de ses sujets; mais au prix que nous coûtent les monumens de Buonaparte, plutôt n'avoir que des villages où l'on vivrait au sein de la paix et de la félicité publique, du fruit de son travail ou d'un petit revenu, dont on jouirait au moins avec sécurité.

Que dire du ridicule conseil que vous nous donnez *de nous méfier des détracteurs de Buonaparte ; assurant que ce sont ses plus chauds partisans ?*..... Dans ce sens, c'est vous qui le défendez, qui êtes son véritable ennemi, et le peuple Français, en le maudissant, prouve qu'il l'adore ?..... Ainsi, ce même peuple, brûlant d'amour pour Louis XVIII, doit mettre un frein à l'expression de ses sentimens, crainte de se rendre suspect !..... Ainsi, tout est bouleversé, les mots de la langue française ont changé d'acception ?..... Le mot j'aime signifie je hais ?... Le mot blanc signifie noir ?..... Quelle pitoyable logique !.....

Allez, beau masque, on vous connaît. C'est vous qui méritez les épithètes que vous avez la témérité de nous donner. C'est vous *qui avez jugé Buonaparte digne de nous gouverner.* C'est vous peut-être qui avez aidé à le placer sur le trône ! ou du moins qui regrettez qu'il en soit descendu ! Pour nous, qui ne l'avons toujours considéré que comme un usurpateur odieux, nous rendrons grâces à Dieu de sa chute. C'est vous encore, qui, *si Buonaparte paraissait tout à coup, iriez vous jeter à ses genoux, et briguer, à force d'humiliations, la faveur d'un coup d'œil.* C'est vous, enfin, qui êtes le véritable cabaleur, *le chaud partisan* de Buonaparte : on peut avec raison vous comparer à ceux qui crient, *A bas la cabale*, lorsque le parterre siffle une pièce nouvelle qui fait bâiller tout le monde : ceux-là sont à coup sûr les véritables cabaleurs et les amis de l'auteur.

Eh bien ! usant du même droit qu'a le parterre, en pareille occurence, de crier *à la porte !...* et de chasser ces perturbateurs, ces vils ennemis du bon goût, nous vous disons : Allez, fuyez vers

votre ami... dites-lui que sa pièce est tombée !...
que si nous avons eu la patience d'attendre la fin
de son abominable tragédie , nous sommes bien
décidés à n'en pas souffrir une seconde représentation : ou, pour cesser de parler au figuré, dites
au tyran que, quoique nous souffrions encore des
maux qu'il nous a faits , nous nous trouvons déjà
heureux de ne plus l'avoir pour maître et d'être
les sujets d'un roi qui sera en même temps notre
père ; peignez surtout nos sentimens d'amour pour
ce bon roi et toute son auguste famille !... N'oubliez
pas les beaux jours qui ont signalé l'entrée de cha-
cun des Bourbons dans la capitale !... Que le tyran
se rappelle qu'il a toujours trouvé nos cœurs muets
sur son passage. Qu'il en meure de rage !...Et vous...
ne revenez que pour nous apporter cette nouvelle.
Peut-être, alors, l'idole Corse détruite , vous ou-
vrirez les yeux : vous verrez la lumiè re du culte légitime ; et vous serez Français. Ainsi soit-il.

Tout le monde applaudit avec transport ; l'anonyme confondu disparut. Je m'éveillai ; j'ai écrit
mon rêve et je le signe.

FIN.

www.ingramcontent.com/pod-product-compliance
Lightning Source LLC
Chambersburg PA
CBHW062321070726

47596CB00009B/2565